www.tredition.de

AF196262

Johanna Ehrmann

Meine Gedichte

Betrachtungen aus dem Leben

www.tredition.de

© 2019 Johanna Ehrmann

Verlag und Druck: tredition GmbH
Halenreie 40-44

22359 Hamburg

ISBN
Paperback: 978-3-7482-7163-5
Hardcover: 978-3-7482-7164-2
e-Book: 978-3-7482-7165-9

Inhalt

Am Wurzacher Weiher

Regenbogenfarbig blitzt es aus den Birken,
bunte Kinder flitzen auf den Schlittschuhen
über das Eis,
die Stille verschreiend.

Schilfkolben beleben das glitzerige, von Rauhreif
bedeckte Gewirr.

Weiße Zweige übereinander, biegen sich
unter der ungewohnten Last.

»Traumhaft schön« findet es der Eine,
»Grün ist mir lieber«, sagt der Andere.
Risse im Eis kündigen das Frühjahr an.

Von Ulm nach Stuttgart

Landschaft flieht im silbernen Morgen.
Bäume starren der Sonne entgegen.
Koffer, Taschen, Rucksäcke auf dem Boden
auf der Ablage.

Augen schauen sich an,
huschen weiter in die Ferne.
Münder formen Worte des Woher und Wohin.

Lächeln stiehlt sich aus den
Mundwinkeln.

Hände wissen nicht, was tun;
legen sich übereinander, fassen Zeitungen,
Bücher oder Kinder.

Schüler erzählen Heldentaten,
laut und mit einem Auge nach den
Erwachsenen schielend.

Schaffner sucht die Fahrgäste
ohne Scheine,
läuft mit dem Zug und gegen ihn.

Häuser, starre Blöcke im Schnee,
träumen vom Sommer.

Sonne, riesengroß,
gießt ihr Licht,
blendend, in den Zug.

Abends am Bodensee

Der See, ertrunken in Weiß,
ruhig, gelassen.

Die Berge fliehen in den Nebel,
Dörfer versteckend.

Kähne wetteifern mit den Schwänen,
Stille verbreitend.

Am Ufer erzählt das Schilf
säuselnd alte Sagen.

An diesem Tag I

klang helles Lachen.

Die Jugend marschierte

mit frohem Schritt in Sydney

fahnenschwenkend

zu märchenhaften Kulissen.

An diesem Tag II

wurde ein jugendlicher Mörder
in Amerika hingerichtet.

Verzweifelte Augen
blickten in die Kamera.

„Aber ich habe es nicht getan!"

Wieso glaubte ich ihm?
Können Augen so lügen?

Aus Marokko zurückgekommen

Sie ist eine Gebildete. Sie weiß Bescheid.
Sie erzählte von wunderbaren Gegenden, roten Bergen, heiligen Stätten, vom Sündenpfuhl Tanger, von den Palästen, atemberaubenden Bergfahrten, guten Straßen.
Ruhe im Land!

Weiter erwähnte sie die bittere Armut von den Kindern, die in Scharen betteln und denen man nichts geben soll, weil die Großen es wegnehmen.
Auf die Diktatur im Lande hingewiesen, verteidigte sie die Ermordung eines Generals. Sie fand schöne Worte für die gebildeten Fremdenführer (Germanist ohne Stellung).

Auf die Situation der Frauen hingewiesen verharmloste, ja beschönigte sie ihre Unfreiheit.
Warum wurde mir immer kälter bei ihren Erzählungen?
Warum verspürte ich nicht die geringste Lust dieses wunderbare Land zu besuchen?
Sie verglich das Christentum mit dem Islam. Bewunderin der mittelalterlichen Kunst.

Bornholm

Sonne, Wind,
geduckte Häuser,
farbenfroh im Grün.

Duftende Lärchenwälder,
Wege darinnen,
schattig und weich.

Weiße Dünen, Sand wie Watte.
Strandhafer blüht auf harten Stengeln.
Baden könnte man im Sand!

Das Meer: weite Bläue
mit grünen Sprenkeln
und weißen Kronen.

Immerwährendes Platschen ans Ufer.
Schiffe kommen und bringen Sonnenhungrige,
die sich später immer wieder begegnen.

Weiße Weizenfelder im lichten Grün
umsäumt von wilden Rosen.
Schön ist es, über die Insel zu fahren.

Busfahrt nach Zürich

Grünes Gras mit weißen Spitzen.
Graue Stämme tragen weiße Arme

Landschaft wechselt von Dorf zu Wald.
Wellen sind die Felder
Sonne streift uns und flieht weiter

Zeitungsrascheln
Musik schläfert ein

Kälte umschließt die Fähre
Graues Wasser gefangen im See
Schwappt gegen die Ufer.

Wärme empfängt uns im Bus
Erwartungen an die Großstadt.

Das kleine Mädchen

fürchtete sich im Wald. Es war kalt, es regnete. Die Decke hielt nicht warm. Sie lagen zusammengedrängt und wagten kaum zu sprechen. Es waren Flüchtlinge und auch Soldaten, die sich von der Truppe abgesetzt hatten und die gefürchtet wurden.

Der kleine Hund spazierte allein zwischen den schlafenden Hunden. Die Flugzeuge dröhnten über sie hinweg. Die Front war nicht sehr weit. Morgens waren doch mehrere Menschen auf der Wiese. Die Kinder spielten.
Vom Waldrand näherte sich vorsichtig ein Mann und kam auf die Leute zu. Als die Menschen ihn erkannten, freuten sich alle. Das Mädchen erkannte ihren Onkel, er war aus dem Krieg heimgekehrt.

Tagelang suchte sie den Waldrand ab. Der Vater musste doch auch kommen. Er kam erst nach zwanzig Jahren.

Nach all diesen Jahren wurde ihr bewusst, wie neidisch sie die ganze Zeit gewesen ist, wenn sie Kinder an der Hand der Väter laufen sah. Nie hatte dieses Sehnen aufgehört.

Das Volk ist wie Gras

Gras wird vom einzelnen Bauer
gehegt und geschnitten.

So wird das Volk von Einzelnen zu den neuen Ufern geführt
und verführt.

Der Tag

Mit meinen Gedanken
Sie tanzen im Kopfe
Siegeln, verwischen
Lassen Klarheit zu
Verschönern und verdammen.....

Erinnerungen
An geliebte Freuden
An erlittene Leiden
Gedanken die nicht zu fassen sind
Gehören sie mir?
Treiben sie ihr Spiel mit mir?

Du

so nah bei mir
und doch so weit.

Wir schauen dasselbe
und sehen doch nicht das Gleiche.

Wir gehen zusammen
und machen nicht die gleichen Schritte.

Ein Gott lächelt

Ein starrer Blick,
ein zum Strich gewordener Mund.
Hände geballt,
nach einem Stein greifend.
Ein Schrei, der Stein trifft.
Ein Gott lächelt.

Eisen klirren, Wagen rasseln,
Speere fliegen, Äxte spalten,
Körper prallen aufeinander.
Ströme von Blut, Tier und Mensch
winden sich im Acker.
Ein Gott lacht dröhnend.

Flugzeuge werfen Bomben.
Raketen treffen Namenlose,
die Schreie sind unhörbar,
unsichtbar die Opfer,
für die, welche die Knöpfe bedienen.

Gerechtes Töten wird erstrebt,
medien-serviertes Elend lässt kalt,
Fasching ist angesagt.

„Du sollst nicht töten"
Priester verkündigen das Gebot aus uralten Zeiten und seg-
nen mit dem Geld der Waffenhersteller die Soldaten.

Und Gott lacht und lacht noch in tausend Jahren.

Ein Mensch sein

Warum Deutscher, Italiener, Iraker, Brasilianer?
Warum nicht nur Mensch sein?

Warum evangelisch, Katholik, Moslem,
Jude, Atheist?

Warum nicht nur Mensch sein?

Warum andere hassen, verachten,
foltern, umbringen?

Liebe hat warme Augen,
die Anderen bin ich.

Mensch sein reicht mir
für mein kurzes Erdendasein.

Es wird eine Zeit sein

Menschen sehen sich in gleicher Augenhöhe.
Es wird eine Zeit sein

Menschen haben das Töten verlernt.
Es wird eine Zeit sein

Kinder spielen ohne Furcht
Es wird eine Zeit sein

Das Denken wird nicht mehr verboten sein.

Wird es eine Zeit sein?
Es wird eine Zeit sein.
Wahrheit darf ausgesprochen werden.

Diese Zeit wird Gegenwart und Zukunft sein?

Es wird so viel geliebt

Heute ist es Wahrheit
morgen ist es Lüge.

Es wird so viel geglaubt
Heute ist es Wahrheit,
morgen ist es Lüge.

Es wird so viel geforscht
Heute ist es Wahrheit,
morgen ist es Lüge.

Es wird so viel geschrieben
Heute sind es Märchen,
morgen ist es Lüge.

Es wird so viel geredet
Heute ist es Wahrheit,
morgen ist es Lüge.

Es wird soviel gekämpft
Heute sind die Ziele Wahrheit,
morgen werden sie zur Lüge.

Dass ich lebe, ist Wahrheit,
dass ich fühle, ist Wahrheit.

Fasching

Hexen auf den Straßen
mit furchterregenden Gesichtern
rennend, lärmend,
Salven von Gelächter auslösend.
Brennen muss die Hexe!

Dunkel ist der Sinn
der ganzen Narretei.
Vergessen dass sie fühlende Gestalten
Vergessen, ihre Weisheit
Vergessen, dass sie zu lebendigen Fackeln wurden

Lacht ihr Menschen
Heute verbrennt ihr Puppen
und morgen?
und morgen?

Fernseher

Nachts als der Fernseher schon stumm war.

Die Uhr tickte leise den Lauf der Zeit.

Kälte drang schon durch die Ritzen.

Die Ruhe der Winternacht machte stumm.

Die Gedanken der ferne Klang der Kindheit.

Keine Wege führen zurück ins Land der Sehnsucht.

Frühling auf Rügen

Hellgrün spiegelt sich das Land in der See
Kastanienknospenspitzen auf sich neigenden Blättern

Windige Sonne wärmt Käfer und Menschen
Lerchen flattern zwitschernd der Sonne entgegen

Weiße Schlehenbänder säumen die Spazierwege

Hagebutte im Januar

Traurig hängst Du im Busch
Sonne verdichtet im Rot
verschrumpelt, zum Schwarz übergehend.

Wo blieben die Vögel, die Menschen
verachteten sie Deine Güte?

Hat der Glaube da seine Grenze
wo das Wissen beginnt?

Hamburg

Im Wasser erstarrter Stein

Klein wandere ich zwischen den hohen Häusern
Durch graue Luft blitzen die erleuchteten Schaufenster

Rühmst dich mit Weltoffenheit und Reichtum
Vom Wasser grüßen die Schiffe - Boten der Ferne

Langsam nehme ich die Straßen in Besitz
immer mehr möchte ich von Dir sehen.

Hoch-Zeit

Gleiche Interessen
ein Blick, ein Lächeln,
weg schauen.

Ein zweiter Blick,
Funken springen über,
näheres Hinschauen,
das Lächeln von Innen.

Der Mund? Der Körper? Was ist es?
Herzklopfen beim Wiedersehen.
Spazierengehen...
Meinungen austauschen,
das Wesentliche weglassend.

Ach, so ist es!
Gegenwart genießen,
sich wohl fühlen,
Zweifel kommen.
Ist er´s wert, bin ich´s wert?

Sich verschenken wollen,
Mahnungen außer Acht lassend.
Vom Himmel die Sterne
für das Liebste haben wollen.
Erfüllung — sich verströmen.

Ich wünsche Dir Liebe

Ich wünsche Dir Liebe zu allem Schönen,
Sehnsucht nach Gerechtigkeit und Freiheit.

Ich wünsche Dir Glück,
das oft an Einem einen halben Meter vorbeirennt.

Ich wünsche Dir sonnige Tage,
klare, sternenübersäte Nächte.
Einen schönen Stein, Wundersames erzählend.

Ich wünsche Dir die Kraft zu haben,
um Dein Leben zu ändern,
wenn Du in der Tinte sitzt.

Ich wünsche Dir Liebe,
die in Dir steckt, heraus zu lassen.

Immer auf der Suche

Mein Geist, meine Beine,
restlos suchen sie nach was?

Das Geburtsdatum von Picasso
weiß ich es nun richtig?

Wann hat Heraklit gelebt?
Wo habe ich meine Handschuhe verlegt?

Wo ist mein Notizbuch schon wieder?
Gott suchen, aber wo?

Wann hört das Suchen auf?
Finden ist das Ende.
Suchen ist immer der Weg.

Jahrhundert

Wenn nächstes Jahrhundert
das Jahrhundert des Geistes wird,
die Menschen, die nicht meines Geistes sind,
werden sie meine Feinde sein?

Wenn das nächste Jahrhundert
das Jahrhundert des Geistes ist,
droht ein neues „Mittelalter" ?

Cioran, Du skeptischer Freund -
wirst Du Recht behalten,
mit Deinen Voraussagungen?

Tee oder keine Lust

Hast Du keine Lust auf
Trinke Tee!

Bist zu grätig, oder aufgeregt
Trinke Tee!

Willst Du Deine Leber schonen
Trinke Tee!

Ist es warm und schwül
Trinke Tee!

Pfeift der Wind ums Haus und ist es bitterkalt
Trinke Tee!

Macht Dir Deine Frau mal schöne Augen
Trinke nachher Tee!

Hast mal keine Lust auf Bordeaux oder Prosecco
Trinke Tee!

Tee für morgens, mittags, abends

Frage

Wenn dir jemand sagt
Liebe! Tu es!

Wenn dir jemand sagt
Hasse! Tust du es?

Wenn es die Zeit der Liebe
und die Zeit des Hasses gibt,
ist Liebe zur falschen Ideologie gut
und der Hass auf die Ungerechtigkeit schlecht?

Wenn der Gute versäumt das Schlechte zu verhindern,
kann der Schlechte sich in seinem Tun nicht doch sicher
fühlen?

Leerer Arztstuhl vor mir

Wenn Du hereinkommst, lieber Doktor...

Bin ich Dir ausgeliefert?
Gibst Du mir Hoffnung?
Gibst mir das Gefühl dumm zu sein?
Ermunterst mich Dinge von mir preiszugeben,
mein Inneres nach Außen zu kehren?
Tastest mich ab als Nummer oder als Mensch?
Wirst Du das schlechte Gewissen in mir wecken?
Das Bewusstsein für meine Trägheit?
Wirst Du mir helfen auch schlimme Wahrheit zu ertragen?
Werden Zweifel, ob Du alles weißt,
in mir bleiben?

Lass mich nicht so lange warten, Dein schwarzer, gepolster-
ter Stuhl erregt meine Phantasie.

Mohn

luftig, duftig,

sonnenanbetend

im Rot gefangen,

schnelllebig,

birgst du den Tod

schon in Dir

Musik

Aufhorchen, Hinhören, Erkennen.

Freude, Gelöstheit, Aufruhr in der Seele.

Sich leicht fühlen, Entzücken!

Nachtgedanken

Gedanken klar wie der Vollmond,
umschließen meine Augen.

Des Tages Weh weicht nicht
und lässt keinem Traume Platz.

Das Leben versickert im Alltag.

Phantasie

Ich bin nicht das **was ich bin.**

Sehe nicht, das was ich sehe.
Höre nicht, das was ich höre.

Wo bin ich, was sehe ich, was höre ich?
Da bin ich, wohin die Phantasie mich entführt.

Rügen I

Dieser große Himmel

Traurigkeit hier hast du Platz

Lang sind deine Arme

Ende ist überall

Rügen II

Kennst du die Insel wo kalte Winde wehen?
Mal von Osten und mal von Westen,
wo stämmige Weiden in Gruppen stehen.

Im Frühjahr Rapsfelder in Gelb ertrinken
zum Sommer das Korn sich wiegt
und Touristen scharenweise das Land durchziehen.

Das Meer an den weißen Wänden nagt,
im Herbst die Kraniche den Himmel verdunkeln
und im Winter der Nebeldunst die Menschen
zu Schemen macht.

18. September 01

Heute wird ein trüber Tag. Es stürmt und es ist viel zu kalt.
Nach diesem heißen Sommer ist der Herbst doch enttäu-
schend. Die Weintrauben reifen im Garten.
Noch ist das Land grün, aber die Trauben werden hell oder
dunkelblau. Dieses Jahr war das Jahr der Wespe. Es war inte-
ressant zu beobachten mit welcher Hartnäckigkeit sie immer
wieder versuchten, ins Nest zu fliegen obwohl die Löcher
verstopft waren. Das gemütliche Essen auf der Terrasse
mussten wir aufgeben.
Das Alter wirft seine Schatten voraus. Habe Probleme meine
Gedanken zu ordnen. Bei Müdigkeit werden meine Sätze
chaotisch. Wörter fehlen einfach. Immer wieder in Verkehr
mit Fremden in Läden passiert es mir, dass ich den Gegen-
stand nicht beim Namen nennen kann, den ich kaufen will.

Das Leben ist hier wie auf einer Sparflamme. Eintönig, ru-
hig, ohne Anreize, dass die Fantasie Nahrung bekommt.
Das Wunschdenken nimmt immer mehr zu, ohne dass ich
zu einem konkreten Handeln fähig bin. Die Arbeit, die täg-
lich getan werden muss - Haushalt und Essen nimmt einen
immer größeren Platz ein und das Wesentliche was mich be-
schäftigt, wird immer mehr zurückgedrängt.
Mal sehen wie der Winter wird. Das Giacometti-Buch habe
ich gerade angefangen zu lesen. Außerdem lese ich ein Buch
über den heiligen Geist oder was man dafür hält: „Die linke
Hand Gottes" von Adolf Holl.

Wir haben in diesen 2000 Jahren nichts dazugelernt - wie
sollte man auch, wenn man sich immer auf dieselben Ur-
sprünge beruft.

Stricke

Sichtbare, reißende Stricke,
die mich ins Unendliche fallen lassen.

Stricke mit Knoten verbunden,
die Verletzungen heilen.

Netzstricke,
federnd gegen unsichtbare Wände rennend

Unsichtbare Stricke, wenn gleiche Gedanken mich fesseln
Stricke, zerreißende, fallende, verschwindende.

Freie Gedanken erfreuen meine Seele

Ungeweinte Tränen

Ungeweinte Tränen ersticken
die Freude.

Zuversicht, wozu?

Milliarden waren vor Dir da,
Milliarden werden nach Dir sein,
Spuren hinterlassen!
Wie lang werden sie sein?

Ist das Nichtstun falscher als das Falsche tun?

Wenn es ist, wie es ist,
wird es sein wie es wird.

Vergrabenes Geld

Im Wald war es dunkel und es regnete. Sie lagen unter Decken. Es wurde gesprochen und gelacht, aber nicht sehr laut. Die Mutter hatte das Geld vergraben - unter einer Tanne, Vorsorglich hatte sie einen Zweig geknickt um den Baum wiederzufinden. Sie durfte es niemanden sagen. Wer weiß ob nicht einer auf dumme Gedanken kommt. Es waren Kriegszeiten.
Die Tage waren angefüllt mit Kinder und Kühe hüten. Immer wieder flogen Flugzeuge vorbei. Da hieß es, schnell die Kinder einfangen und im Wald das Versteck aufsuchen.

Als die Mutter das Geld wieder brauchte, ging sie mit dem Spaten zur Tanne. Sie konnte aber den Baum nicht finden, denn der Onkel hatte die Kühe in diesem Waldstück angebunden. Es war alles zertrampelt. So weihte sie ihre Schwester ins Geheimnis ein und sie fingen beide an zu graben. Der Onkel kam vorbei und lachte die zwei Frauen aus, die so eifrig den Waldboden umgruben.

Es dauerte eine ganze Weile, bis sie die richtige Tanne gefunden hatten.

Weißer Tag

Weiß wiegt der Baum sich
im Winde

Das Haus steht still,
mit weißem Dach und weißen Wänden.

Weiße Felder verlieren sich
am Horizont.

Ein frierender Rabe krächzt
in die Stille.

Der helle Himmel ist überall,
und löst den Nebel auf.

Weißes Schaf und schwarzes Schaf

Weißes Schaf voll Stolz und Mut
Spieglein an der Wand befrug
Bin ich doch das Schönste hier
ohne Makel groß und stark.
Wer kann neben mir bestehen?

Kam das schwarze Schaf daher
hatte weiteres nicht im Sinn
als das Leben zu erleben.

Stellte sich zum Weißen hin:
„Kannst Du in der Nacht auch sehen?
Tageslicht ist für uns beide da.
Sonne wärmt auch dich und mich."

Weißes Schaf oh weh, oh weh
wusste nicht wie ihm geschah,
vom Schwanz bis zur Nasenspitze
wallte Liebe in ihm hoch,
zu dem Schwarzen hergelaufenen.

Aug in Aug im Gegenüber
sahen sie keine Farben mehr.
Braunes Lämmchen froh und heiter
spielte bald und so weiter .und so weiter…

Winter

Schemenhaft die Landschaft
vor meinen Augen.

Autos lautlos, von unsichtbaren Geistern gezogen,
auf der Straße.
Raben, in ihrem Schwarz, beleben das Unsichtbare.

Der uralte Baum, vor Wochen noch
glühend von Farben,
erstarrt im Zuckerguss.

Eine Schafherde, in dickem Pelz,
frisst das weiße Gras.

Der Hund, gelangweilt, schaut zu,
meine Schritte stören.

11. September 2011

Es ist still in dieser Nacht.
Bedrohlich ist die Schwärze.
Fröhliche Gedanken scheinen verschwunden.

Der Traum den die Menschheit gehabt ohne Hass zu leben;
erstickt in den Trümmern der Türme von New York.

Vergeltung! Bestrafung!
Das Rad wird um Jahre zruückgedreht.
Wiederholt sich in der Menschheit alles ohne Hoffnung et-
was zu lernen?
Diese jungen Männer, die nur gelebt haben um das Töten zu
lernen.
Diese Menschen in den Flugzeugen, in den Gebäuden, hoff-
nungsvolle Menschen, wie haben Sie sich gefühlt vor dem
Tod?
Diese grauenvollen Bilder!
Die Müdigkeit nicht mehr denken wollen und können.

FSC
www.fsc.org
MIX
Papier | Fördert
gute Waldnutzung
FSC® C083411

Zeitfracht Medien GmbH
Ferdinand-Jühlke-Straße 7
99095 Erfurt, Deutschland
produktsicherheit@kolibri360.de